Jus Herbal Alami Untuk Menyembuhkan Depresi Kelas Berat

(Bad Depression)

& Memperkuat Kesehatan Mental Spiritual

(Soul Relaxation)

by

Jannah Firdaus Mediapro

Cyber Sakura Flower Labs

2022

Jus Herbal Alami Untuk Menyembuhkan Depresi Kelas Berat (Bad Depression) & Memperkuat Kesehatan Mental Spiritual (Soul Relaxation)

Jannah Firdaus Mediapro & Cyber Sakura Flower Labs

Jannah Firdaus Mediapro

Publishing

2022

Jus Herbal Alami Untuk Menyembuhkan Depresi Kelas Berat (Bad Depression) & Memperkuat Kesehatan Mental Spiritual (Soul Relaxation)

Prolog

Mengenal aneka ragam jenis jus buah sayuran herbal bergizi dari alam ciptaan Allah SWT dan terapi alternatif tradisional yang bermanfaat untuk menghilangkan stres, mengurangi depresi, menenangkan hati dan menghapus berbagai emosi negatif lain. Serta meningkatkan kesehatan pikiran mental spiritual dan menjadikan jiwa kita menjadi lebih tentram dunia akhirat.

Jus Herbal Alami Untuk Menyembuhkan Depresi Kelas Berat (Bad Depression) & Memperkuat Kesehatan Mental Spiritual (Soul Relaxation)

1. Alpukat

Buah yang menjadi favorit semua orang ketika dibuat jus ini ternyata mengandung glutathione, yang dapat memblokir penyerapan lemak tertentu dalam usus.

Selain itu, buah hijau ini juga mengandung lutein, beta karoten, vitamin E, dan folat yang lebih banyak dari buah lainnya.

Alpukat juga dapat berfungsi menurunkan tingkat stres, karena adanya kandungan kalium yang berguna memberikan rasa tenang. Tetapi meskipun alpukat ini buah, alpukat masih terhitung sebagai asupan lemak. Jadi kamu juga harus mengontrol diri saat mengkonsumsi buah ini ya.

2. Oatmeal

Tahukah kamu bahwa oatmeal juga dapat membuat *mood* menjadi lebih baik? Karbohidrat kompleks yang terdapat di oatmeal rupanya dapat membantu otak membuat serotonin.

Serotonin merupakan hormon *mood* baik. Serotonin tidak hanya memiliki sifat antioksidan, tetapi juga dapat menenangkan yang membantu mengatasi stres.

3. Yogurt

Mengkonsumsi yogurt rupanya dapat menurunkan tingkat stres yang berlebih. Yogurt dapat meningkatkan kadar serotonin dalam otak yang berguna memberikan rasa nyaman bagi kamu yang sedang stres.

4. Berry

Berry adalah salah satu buah yang kaya antioksidan. Semua buah-buahan yang termasuk berry seperti raspberry, blackberry, strawberry, blueberry mengandung vitamin C yang tinggi dan mampu melawan stres.

Kamu bisa menjadikan salah satu dari buah berry ini sarapan pagi hari berdampingan dengan yogurt, sereal, dan oatmeal. Pasti harimu akan menjadi lebih baik.

5. Susu

Gak cuma yogurt saja yang bisa menghilangkan stres, Susu juga bernutrisi tinggi dengan manfaat yang sama.

Kandungan kalsium di dalamnya berguna mengurangi ketegangan otot dan menenangkan saraf, sehingga stres akan segera reda.

Jika kamu sedang stres tetapi kamu juga sedang diet, sebaiknya kamu memilih susu yang rendah lemak, supaya tidak mengganggu naiknya berat badanmu.

6. Cokelat

Mungkin semua orang sudah mengetahui bahwa coklat adalah salah satu makanan yang dapat mengatasi stres. Banyak penelitian yang menunjukkan bahwa cokelat dapat mengurangi hormon stres yang ada dalam dirimu.

Dark chocolate, diketahui dapat menurunkan tekanan darah yang memicu perasaan tenang. Tak perlu takut berat badan naik, kamu bisa mengkonsumsi *dark chocolate* sebagai camilan seminggu sekali.

7. Kacang Almond

Jika kamu suka mengkonsumsi kacang almond, beruntunglah kamu karena kamu tidak hanya mendapatkan nutrisinya.

Kacang almond yang sedang kamu makan saat ini bisa meredakan stres. Kacang almond memiliki banyak kandungan nutrisi seperti vitamin B, zat besi, magnesium, dan vitamin E.

8. Jeruk

Semua orang pasti tahu kalau jeruk adalah gudangnya vitamin C. Vitamin C bermanfaat meningkatkan sistem kekebalan tubuh dan menurunkan tekanan darah.

Tetapi apakah kamu sudah tahu kalau vitamin ini juga ampuh untuk mengurangi efek tekanan stress.

9. Sayuran Berdaun Hijau

Selain menyehatkan, sayuran berdaun hijau seperti bayam atau asparagus mengandung folat yang menghasilkan dopamine.

Zat kimia otak yang merangsang kebahagian. Sehingga jika mengkonsumsi sayuran ini akan dapat membantumu agar tetap tenang.

10. Daging Ikan Salmon

Stres disebabkan karena meningkatnya hormon adrenalin dan kortisol. Kandungan asam lemak omega-3 dalam ikan salmon memiliki sifat yang dapat membantu melawan efek negatif dari hormon stres.

11. Teh

Ternyata minum teh di pagi hari itu sangat membantu *mood*mu agar tetap terjaga. Menurut penelitian di Jepang, seseorang yang mengkonsumsi teh 4 gelas setiap harinya akan terhindar dari resiko stres dan depresi.

Teh yang baik kamu pilih adalah teh hijau, karena kaya akan kandungan antioksidan. Bagi kamu yang diet juga, teh hijau merupakan asupan yang paling tepat untuk menurunkan berat badan.

12. Gandum

Mengkonsumsi makanan yang terbuat dari gandum akan meningkatkan jumlah serotonin di dalam otak sehingga dapat menghilangkan stres.

Kamu bisa mencoba makan produk gandum seperti oatmeal. Oatmeal juga membantu memperlancar pencernaan dan menjaga kesehatan jantung.

13. Pisang

Salah satu dampak negatif dari stres adalah meningkatnya tekanan darah. Dengan kamu mengkonsumsi pisang, meningkatnya tekanan darah yang diakibatkan stres itu akan segera reda.

Pisang memiliki kandungan vitamin A, B, dan C yang berguna untuk menstabilkan tekanan darah serta meningkatkan kesehatan system kekebalan tubuh.

14. Kacang Mente

Jika kamu stres dan bosan dengan buah dan sayur, kamu bisa mmengkonsumsi kacang mente sebagai camilanmu. Kacang mente adalah sumber *zinc* yang baik.

Tingkat *zinc* yang rendah dalam tubuh kita menyebabkan dengan kecemasan dan depresi. Kacang mente sangat baik dikonsumsi setiap hari agar tubuh kita tetap tenang.

15. Es Krim

Makanan dingin satu ini yang paling disukai orang yang sedang stres. Tidak hanya itu, hampir semua orang sangat menyukai es krim meskipun tidak stres sekalipun.

Kombinasi susu dan krim merupakan perpaduan yang cocok yang bisa memberikan rasa nyaman bagi kamu yang sedang stres. Kandungan amino thrytopan dalam es krim berfungsi menenangkan otak.

16. Daun Seledri

Daun seledri bukanlah daun yang asing lagi. Daun ini kerap kali digunakan sebagai bahan makanan serta sering dikonsumsi. Namun tahukah Anda bahwa daun ini juga terkadang digunakan sebagai tanaman obat?

Faktnya, daun seledri sangat bermanfaat bagi kesehatan dan kecantikan. Daun ini sudah digunakan sebagai tanaman obat sejak ratusan tahun yang lalu oleh bangsa romawi, lho

Dewasa ini, semua orang pasti pernah merasa stress. Padatnya aktivitas dan kurangnya rekreasi adalah salah satu dari banyak penyebab stress yang ada. Ketika Anda merasa stress, maka akan sulit bagi Anda untuk berkonsentrasi.

Tahukah Anda bahwa daun seledri dapat membantu mengatasi stress? Ini karena di dalam daun seledri terkandung magnesium.

Magnesium ini dapat menghilangkan stress, oleh karena itu jika Anda sedang merasa stress, tidak ada salahnya mengonsumsi daun ini.

17. Timun

Timun merupakan tumbuhan yang menghasilkan buah yang bisa dimakan dan dikonsumsi sebagai lalapan. Timun yang belum matang sepenuhnya biasanya cocok dijadikan sebagai lalapan makanan tergantung jenisnya.

Timun atau biasa disebut mentimun ini memang sudah ada di seluruh dunia, dan banyak sekali kita temukan saat kita makan makanan di restoran ayam.

Mentimun memiliki banyak manfaat yang bagus untuk kesehatan kita, karena timun berisi kandungan air yang cukup banyak. Cocok sekali dimakan jika kita butuh penyegar tenggorokan, dan enak dimakan saat cuaca sedang panas.

Timun mengandung flavonol anti-inflamasi yang hebat dalam meningkatkan kesehatan otak. Fungsi utama kandungan ini, meningkatkan konektivitas neuron Anda.

Sehingga membantu menjaga ingatan tetap tajam serta melindungi sel saraf dari kerusakan terkait usia. Timun juga kaya akan vitamin B kompleks, termasuk B1, B5 dan B7 yang dikenal dengan biotin. Keluarga vitamin ini efektif merelaksasi sistem saraf dan mengurangi dampak stres dan kecemasan.

18. Bunga Rosemary

Rosemary adalah tanaman herbal yang sering digunakan sebagai penyedap masakan dan juga sebagai bahan pembuat parfum.

Kecuali itu, rosemary juga memiliki aroma terapi yang dapat melemaskan otot-otot tubuh yang tegang sehingga apabila Anda mengalami stress cukup dengan menghirup aroma terapinya Anda akan terbebas dari rasa stress tersebut.

Untuk mendapatkannya, Anda dapat menanamnya sendiri karena menanam rosemary tidaklah susah.

19. Bunga Lavender

Tanaman kedua yang dapat membantu Anda menghilangkan rasa stress adalah lavender. Sama halnya dengan rosemary, bagian dari lavender yang dimanfaatkan untuk meredakan rasa stress adalah aromanya.

Aroma levender dapat membangkitkan kekebalan tubuh dan menenangkan kulit.

Untuk mendapatkan Aroma lavender, Anda dapat membeli parfum yang memiliki aroma lavender atau Anda juga dapat menanamnya sendiri.

20. Bunga Chamomile

Bunga Chamomile atau kamomil berasal dari tanaman yang ditemukan di Eropa. Tanaman ini memiliki aroma seperti aroma buah apel yang dapat membantu Anda menyembuhkan demam, membuat kulit bersinar, dan menghilangkan rasa stress.

21. Sage

Tanaman dengan daun berwarna hijau ini sering digunakan sebagai bumbu masakan dan pengobatan.

Banayak yang berpendapat bahwa sage lebih efektif menghilangkan rasa stress daripada obat pereda stress lainnya.

Anda cukup menghirup aromanya dan dapatkan rasa tenang pada tubuh, pikiran, dan otot-otot Anda.

22. Bayam

Saat stress melanda, konsumsilah bayam, karena salah satu penyebab terjadinya stress adalah hilangnya vitamin C dengan cepat pada hormon andrenalin pada tubuh Anda.

Kenapa harus mengkonsumsi bayam? karena bayam memiliki kandungan vitamin C yang dapat menggantikan vitamin C yang hilang tersebut.

23. Brokoli

Dengan mengkonsumsi tanaman yang berbentuk seperti jamur berwarna hijau ini, Anda bisa menghilangkan rasa stress yang sedang Anda alami karena

Tanaman ini dapat memproduksi serotonin yang mampu mengendalikan, menenangkan dan menyeimbangkan perasaan dan pikiran Anda.

Sama halnya dengan dengan bayam, brokoli juga memiliki kandungan vitamin C yang dapat menggantikan vitamin C yang hilang saat stress.

24. Asparagus

Salah satu penyebab timbulnya rasa panik yang Anda alamai adalah kurangnya serotonin pada tubuh Anda, dengan mengkonsumsi asparagus,

Anda dapat menghilangkan rasa panik tersebut karena asparagus mengandung serotonin yang dibutuhkan oleh tubuh Anda untuk menghilangkan rasa panik.

25. Wortel

Jus wortel dikenal sebagai salah satu sumber vitamin A yang baik untuk kesehatan mata. Namun, ternyata jus yang satu ini tak hanya baik dikonsumsi untuk kesehatan mata. Ada sederet manfaat lain yang bisa Anda dapatkan dari jenis umbi-umbian yang satu ini.

Beta-karoten dalam jus wortel bisa memperkuat fungsi otak, meningkatkan daya ingat serta dapat mengurangi stress dan depresi. Stres oksidatif yang diakibatkan oleh polusi udara dan faktor lainnya bisa menyumbang kerusakan sel otak dan sel saraf.

Kondisi ini mampu melemahkan sinyal saraf dan mengurangi fungsi kognitif otak. Tak hanya itu, zat ini juga bermanfaat untuk mengurangi risiko demensia seiring dengan pertambahan usia.

Sebuah penelitian dilakukan pada 10 pekerja yang terpapar timbal. Mereka diberikan 10 mg beta-karoten selama 12 minggu.

Hasilnya, kelompok pekerja yang menerima asupan betakaroten memiliki tingkat stres oksidatif lebih rendah. Oleh karenanya, minum satu gelas jus wortel setiap hari mampu menurunkan risiko kerusakan pada sel dan saraf otak akibat stres oksidatif.

26. Tomat

Tomat mengandung banyak asam folat dan asam alpha-lipoic yang bagus untuk menghalangi rasa depresi masuk ke dalam tubuh.

Seperti yang ditulis oleh Journal of Psychiatry and Neuroscience, penelitian menunjukkan bahwa sepertiga pasien yang menderita depresi ternyata banyak kekurangan zat folat.

Asam folat dapat mencegah kelebihan produksi homosistein yang bisa menghambat hormon penting seperti serotonin pada tubuh.

Sedangkan asam alpha-lipoic membantu tubuh untuk mengubah glukosa menjadi enerji dan menstabilkan suasana hati.

27. Kiwi

Banyak orang tertarik makan **buah** kiwi karena warna dan rasanya yang eksotis. Tetapi sebenarnya ada banyak alasan kenapa Anda harus makan kiwi. Melancarkan pencernaan

Kiwi mentah mengandung actinidain, enzim yang mampu melancarkan pencernaan seperti papain dalam pepaya atau bromelain dalam nanas.

Kiwi merupakan buah yang mengandung alkaline tinggi. Jika kadar alkaline dalam tubuh seimbang, Anda bisa tidur dengan nyenyak, menurunkan risiko radang sendi, osteoporosis, dan dapat menghilangkan stress serta depresi.

28. Air Jahe

Jahe sangat manjur untuk menghangatkan badan ketika musim penghujan seperti saat ini. Tak hanya itu bumbu dapur ini ternyata juga dapat meredakan stres.

Menurut ahli gizi, Alice Mackintosh, jahe dapat mengatasi stres psikologis sebab kandungan antioksidan yang kuat serta gingerol dalam jahe dapat membersihkan zat kimia berbahaya yang dihasilkan tubuh saat muncul rasa cemas.

Untuk merangsang pencernaan dengan baik, Alice menyarankan agar jahe yang sudah dicincang dicampur dengan air panas dan irisan lemon.

Minuman ini dapat memecah asam lambung yang dikeluarkan sistem pencernaan manusia saat sedang stres.

Kandungan antioksidan dalam jahe membuat jahe memiliki banyak manfaat bagi kesehatan, seperti meringankan gejala flu, menurunkan berat badan.

Serta mengatasi diare, mencegah pembekuan darah, menurunkan kolesterol jahat, serta mengembalikan suasana hati Anda yang buruk.

29. Buah Kurma

Buah kurma adalah buah yang cukup populer bagi masyarakat Indonesia dan mudah ditemui saat memasuki bulan Ramadan.

Banyak manfaat kurma yang bisa didapatkan tubuh karena kandungan di dalamnya seperti zinc, magnesium, fosfor, selenium dan mangan. Selain daging buahnya, masyarakat juga mengenal ekstra kurma yaitu sari kurma. Apakah manfaat sari kurma sama dengan buah kurma?

Sari kurma adalah minuman herbal yang berasal dari buah kurma, di mana semua manfaat buah kurma bagi kesehatan bisa Anda dapatkan. Daging buah kurma mengandung zat gula sederhana yaitu yaitu zat fruktosa dan dekstrosa.

Zat-zat ini sangat mudah sekali dicerna dan dapat dengan cepat mengisi energi tubuh. Kandungan lainnya adalah protein, lemak, mineral, zat besi, serta zat asam folat.

Kurma adalah salah satu makanan alami yang menyembuhkan depresi. Selain lezat dan mereka juga kaya vitamin dan mineral.

Hal terbaik tentang kurma adalah bahwa mereka memberi energi Anda dengan cepat. Mereka juga mengandung serat dan antioksidan juga. Mereka yang menderita depresi dapat mencoba camilan dengan kurma.

30. Madu

Dari Wikipedia Indonesia, ensiklopedia bebas berbahasa Indonesia, madu didefinisikan sebagai cairan yang lengket dan manis yang dihasilkan oleh lebah dan serangga lainnya dari nektarbunga.

Nektar atau sari bunga adalah cairan manis kaya dengan gula yang diproduksi bunga dari tumbuh-tumbuhan sewaktu mekar untuk menarik kedatangan hewan penyerbuk seperti serangga.

Madu tersusun atas beberapa senyawa gula seperti glukosa dan fruktosa serta sejumlah mineral seperti magnesium, kalium, kalsium, natrium, klor, belerang, besi, dan fosfat. Madu juga mengandung vitamin B1, B2, C, B6 dan B3 yang komposisinya berubah-ubah sesuai dengan kualitas nektar dan serbuk sarii Bermacam-macam tanaman, berarti beragam zat warna dan beragam kualitas nektar dan serbuk sari pula.

Maka jangan heran jika terdapat bermacam-macam warna madu. Di samping itu, dalam madu terdapat pula sejumlah kecil tembaga, yodium, dan seng, serta beberapa jenis hormon.

Dan Rabb-mu mengilhamkan kepada lebah, "Buatlah sarang-sarang di bukit-bukit, di pohon-pohon kayu, dan di tempat-tempat yang dibikin manusia," kemudian makanlah dari tiap-tiap (macam) buah-buahan dan tempuhlah jalan Rabb-mu yang telah dimudahkan (bagimu).

Dari perut lebah itu keluar minuman (madu) yang bermacam-macam warnanya, di dalamnya terdapat obat yang menyembuhkan bagi manusia. Sesungguhnya pada yang demikian itu benar-benar terdapat tanda (kebesaran Alloh) bagi orang-orang yang memikirkan." (QS. An-Nahl: 68–69).

Sebagaimana firman Allah dalam Al Quran, madu adalah "obat bagi manusia". Fakta ilmiah ini telah dibenarkan oleh para ilmuwan yang bertemu pada Konferensi Apikultur Sedunia (World Apiculture Conference) yang diselenggarakan pada tanggal 20–26 September 1993 di Cina.

Konferensi tersebut membahas pengobatan dengan menggunakan ramuan yang berasal dari madu.

Seorang dokter Rumania mengatakan bahwa ia mengujikan madu untuk pengobatan pasien katarak, dan 2002 dari 2094 pasiennya sembuh total.

Para dokter Polandia juga menyatakan dalam konferensi tersebut bahwa resin lebah dapat membantu penyembuhan banyak penyakit seperti wasir, masalah kulit, penyakit ginekologis, penyakit mental dan berbagai penyakit lainnya.

Contoh manfaat madu dalam dunia medis meliputi: menguatkan otot jantung, sehingga digunakan juga pada kasus nyeri dada akibat serangan jantung (angina pectoris) dan setelah operasi jantung; menangkal reaksi garam makanan, sehingga digunakan pada kasus tekanan darah tinggi; untuk masalah THT dan pernafasan, madu dapat meredakan hidung tersumbat, nyeri tenggorok termasuk tonsilitis, batuk, menghilangkan dahak; untuk pencernaan, madu digunakan dalam mengatasi gangguan pencernaan akibat kurangnya enzim pencernaan.

Madu juga dapat menyembuhkan luka (tukak) lambung dan usus 12 jari, menguatkan hati, menghancurkan batu empedu, terutama jika ditambah royal jelly dan bee pollen; madu juga baik untuk pasien neurosis seperti stress atau depresi ditandai berkurangnya tremor (buyuten) dan jantung berdebar, pasien psikotik seperti schizofrenia, kecanduan alkohol dan morfin, insomnia; memelihara kesehatan saluran kemih, mulut dan kulit, dan masih banyak lagi.

31. Senam Yoga

Seiring perkembangan zaman, pentingnya kesehatan mental nampaknya sudah menjadi salah satu hal yang diperhatikan oleh masyarakat. Banyak orang yang kini tidak lagi mendefinisikan kesehatan sebatas pada kesehatan fisik, namun juga mencakup kesehatan mental. Tingginya tekanan dan beban hidup masyarakat diketahui dapat berdampak pada kesehatan mental seseorang. Berbagai kondisi yang berkaitan dengan kesehatan mental seperti stres, kecemasan serta depresi ini, kini telah menjadi perhatian tersendiri bagi masyarakat.

Stres, kecemasan, depresi dan berbagai masalah psikologis lainya diketahui dapat menimbulkan keluhan fisik sehingga menyebabkan berbagai penyakit fisik. Hal inilah yang menjadi salah satu alasan bagi banyak orang untuk mempelajari lebih dalam mengenai pentingnya kesehatan mental. Berbagai hal yang dipelajari tentunya adalah hal-hal yang dapat membantu memperbaiki dan mengobati masalah mental dan psikologis dalam diri.

Terdapat banyak hal yang dapat membantu Anda dalam mengatasi berbagai masalah psikologis dan kesehatan mental. Dari berbagai macam hal yang dapat membantu menyelesaikan masalah psikologis dan memperbaiki kondisi mental, tahukah Anda bahwa ternyata salah satu hal yang dapat membantu adalah yoga. Yap! Mungkin yoga bukanlah suatu hal yang baru bagi Anda. Karena yoga sendiri telah cukup populer sejak waktu yang cukup lama.

Yoga adalah olahraga yang menyatukan pernapasan, meditasi, gerakan, dan relaksasi, yoga dapat membantu memulihkan keseimbangan pribadi. Yoga telah menjadi kegiatan yang populer untuk memperbarui tubuh dengan meningkatkan kekuatan, meningkatkan keseimbangan, dan meningkatkan fleksibilitas.

Yoga juga dikenal sebagai pengobatan alternatif atau pelengkap yang sangat baik untuk masalah yang memerlukan pengobatan atau terapi.

Hal ini karena yoga relaksasi dianggap sebagai hal yang alami, dapat diakses oleh semua orang, dan relatif mudah untuk dilakukan. Selain itu, yoga adalah pilihan yang baik karena merupakan salah satu dari sedikit pengobatan yang menghubungkan pikiran ke tubuh.

32. Beladiri Kesehatan Taichi

Tai Chi adalah praktik umum seni bela diri Tiongkok kuno yang terhubung dengan Taoisme, dan berfokus pada keseimbangan kebutuhan dan pengalaman fisik serta spiritual.

Seperti yang dipraktikkan saat ini, seni bela diri sering dinyatakan sebagai aliran gerakan dan postur yang berurutan. Tai Chi melibatkan sinkronisasi napas dengan serangkaian gerakan fisik yang dimaksudkan untuk menjaga otot-otot agar tetap rileks dan tidak tegang.

Tai Chi, baik sebagai olahraga maupun meditasi, dianggap baik bagi siapa saja yang ingin meraih kesehatan jasmani dan ketenangan batin. Tak heran, banyak orang memilih olahraga ini untuk meringankan stres, cemas, dan meningkatkan konsentrasi.

Melansir dari Studyfinds, sebuah studi baru menemukan Praktik kuno Tai Chi dapat membantu mengurangi depresi, kecemasan, dan stres pada orang yang baru pulih dari stroke. Mungkin juga meningkatkan kualitas tidur mereka. Stroke terjadi ketika ada gangguan aliran darah ke otak yang mengalami pembekuan darah. Hal ini adalah penyebab kematian ketiga di Amerika Serikat.

Dr. Ruth Taylor-Piliae, dari University of Arizona, di Tucson melakukan penelitian terhadap 11 penderita stroke, dengan usia rata-rata 70 tahun dan semuanya memiliki gejala depresi. Sebagian besar memiliki gejala depresi ringan hingga sedang.

Setelah delapan minggu, para penderita stroke mengalami penurunan yang signifikan dalam gejala depresi, kecemasan dan stres, dan juga tidur dengan lebih baik. Taylor menjelaskan bahwa latihan Tai Chi memungkinkan individu untuk menenangkan pikiran dengan berdiam di masa sekarang dan mengesampingkan emosi negatif yang tidak diperlukan seperti depresi.

Menurut sebuah studi tahun 2010 yang diterbitkan dalam jurnal BMC Complementary Medicine and Therapies, berlatih Tai Chi secara konsisten tidak hanya membuat kamu merasa lebih tenang, tetapi juga dapat membantu kamu mengembangkan keterampilan atau cara manajemen stres yang lebih baik.

Tai chi menenangkan sistem saraf dan meningkatkan kadar endorfin sehingga latihan teratur dapat meningkatkan energi dan kebahagiaan sekaligus mengurangi tingkat stres.

33. Ibadah Sholat Tahajud Di Malam Hari

Sholat tahajud merupakan salah satu kebiasaan orang-orang sholeh sejak jaman dahulu. Nabi Muhammad SAWsendiri tidak pernah meninggalkan sholat tahajud walaupun saat beliau sedang sakit.

1. Menjaga Daya Tahan Tubuh

Nabi Muhammad SAW pernah bersabda yang isinya mengajak kita untuk melaksanakan sholat tahajud karena selain sebagai sarana mendekatkan diri kepada Allah SWT Tuhan Semesta Alam, sholat tahajud juga bisa menghindarkan tubuh dari berbagai macam penyakit baik medis maupun spiritual.

2. Menjadikan Penampilan Lebih Menarik

Manfaat sholat tahajud yang kedua adalah menjaga penampilan lebih mnarik. Seperti hadits yang disabdakan oleh Nabi Muhammad Shallallahu 'alaihi

Wa Sallam yang isinya adalah jika ada seseorang yang melaksanakan sholat tahajud di malam hari, maka pada siang harinya Allah akan menjadikan wajahnya tampan atau cantik. Tentu yang dimaksud tampan atau cantik disini bukanklah hanya cantik secara lahir saja, melainkan cantik secara lahir dan batin.

3. Terhindar dari Penyakit Infeksi Pernafasan

Penyakit yang disebabkan oleh virus salah satunya adalah penyakit infeksi saluran pernafasan akut atau biasa singkat dengan istilah ISPA. Selain penyakit ini di sebabkan oleh pengaruh kondisi dalam penyebarannya, namun gaya hidup yang sehat dipercaya dapat mencegah penularan penyakit ISPA dan sekaligus meningkatkan daya tahan tubuh. Nah, menurut salah satu pakar kesehatan Universitas Indonesia, sholat tahajud dapat bermanfaat untuk mendukung gaya hidup sehat tersebut.

4. Mencegah Penyakit Pinggang Setelah Bangun Tidur

Jika sholat tahajud di lihat dari gerakan sholatnya, maka gerakan-gerakan sholat tersebut secara medis memberikan efek yang baik bagi kesehatan tubuh. Dengan kita membiasakan diri untuk banngun malam dalam rangka melaksanakan sholat tahajud, maka kita akan terhindar dari penyakit pinggang yang banyak menyerang orang-orang yang terlalu banyak tidur.

5. Mengurangi Resiko Terkena Penyakit Jantung dan Memperpanjang Usia

Sholat tahajud dapat memberikan ketenangan jiwa yang dimana berdasarkan penelitian yang sudah dilakukan oleh beberapa ahli, menyebutkan bahwa sistem imun tubuh akan meningkat seiring dengan adanya ketenangan di dalam tubuh. Sehingga akan mengurangi resiko terkena penyakit jantung, dan sekaligus akan memperpanjang usia.

6. Penghapus dosa dan mencegah berbuat dosa

Seperti yang disampaikan di atas, sholat tahajud adalah ibadah yang selalu dilakukan oleh orang-orang shaleh. Ibadah ini mendekatkan diri seorang manusia kepada pencipta-Nya, Allah Subhanahu Wa Ta'ala. Bisa dibilang sholat tahajud mampu menjadi media penghapus dosa seseorang. Mereka pun pastinya memperkuat iman dan menjauhkan diri dari perbuatan dosa besar maupun kecil. Rasulullah Shallallahu 'alaihi Wa Sallam pernah bersabda bahwa sholat malam adalah ibadah yang sering dilakukan oleh orang-orang shaleh. Ibadah ini dapat mendekatkan seseorang kepada Sang Pencipta, jalan menghapuskan dosa serta mencegah muslimin untuk berbuat dosa.

7. Tanda takwanya terlihat di muka

Orang yang selalu melaksanakan sholat tahajud akan terlihat bersinar wajahnya. Inilah yang menjadi tanda bahwa seseorang tersebut bertakwa kepada Allah Subhanahu Wa Ta'ala. Tanda-tanda ketakwaan tersebut selalu terlihat oleh orang-orang di sekitar mereka. Hal tersebut bisa jadi pelecut semangat bagi kaum muslimin yang lain untuk selalu melaksanakan shalat tahajud. Shalat tahajud tetap menjaga keimanan seseorang teguh kepada sang Maha Penyayang.

8. Melancarkan aliran darah di tubuh

Sholat tahajud biasanya dilakukan pada pukul 03.00 pagi. Setiap muslim umumnya terbangun pada jam tersebut untuk mengerjakan sholat tahajud dan beribadah pada Sang Pencipta. Ibadah ini nyatanya tak hanya sekedar berbagi keluh kesah, namun memberikan udara segara bagi seluruh organ tubuh. Ketika itu, udara di atmosfer masih sangat segar dan dihirup oleh paru-paru. Tubuh kita pun menggerak-gerakkan seluruh otot yang membuat badan segar seketika dan seluruh aliran darah terasa lancar. Oksigen segar akan menghilang ketika matahari terbit dan kembali pada pagi berikutnya. Hanya orang-orang yang terbangun untuk melaksanakan sholat tahajudlah yang bisa merasakannya.

9. Membesarkan rongga paru-paru

Manfaat gerakan sholat nyatanya memberikan efek positif bagi kesehatan manusia. Gerakan takbiratul ihram yang diikuti dengan bersedekap sebenarnya membuka rongga paru-paru lebih lebar. Hal tersebut diketahui mampu memperlancar aliran udara menuju paru-paru. Kerap kali kita merasakan paru-paru jauh lebih lapang daripada sebelumnya. Hal ini tidak bisa dipungkiri sebagai salah satu olah napas yang sangat baik selain berolahraga.

10. Jaminan masuk surga

Rasulullah pernah mengatakan bahwa siapapun yang melaksanakan shalat tahajud, maka jaminan surga baginya. Hal ini sempat pula diriwayatkan dalam salah satu hadits, sebagaimana Nabi Muhammad Shallallahu 'alaihi Wa Sallam bersabda:

"Wahai manusia, sebarkanlah salam, beri makanlah, sambung tali kasih, salat malamlah saat orang pada terlelap, maka masuklah surga dengan selamat". (HR. Al-Hakim, Ibnu Majah, At-Tirmizy).

11. Pikiran jauh lebih segar

Bangun tidur pastinya Anda memiliki pemikiran yang jauh lebih jernih. Bayangkan saja, dalam 1 hari jantung manusia bekerja 100.000 kali dan bernapas sebanyak 20.000 kali. Setiap organ tersebut memerlukan waktu istirahat yang cukup. Nyatanya tidur adalah istirahat yang sangat baik bagi tubuh. Dengan begini, seluruh organ tubuh akan beristirahat dari setiap tugas beratnya. Tidur membantu tubuh memulihkan sel yang sempat terganggu, menambah kekuatan dan otak pun kembali bekerja dengan baik. Alasan tersebutlah yang menjadikan shalat tahajud dilaksanakan setelah bangun dari tidur. Pikiran yang jauh lebih fresh dan segar membuat gerakan shalat kita juga khusyu' memaknai ayat-ayat Al-Qur'an.

12. Mendapat keringanan ketika dinasab di akhirat

Keutamaan lainnya dari shalat tahajud adalah keringanan di hari akhir nanti. Setiap orang pastinya mempunyai catatan dosa dan pahala yang akan diterima di akhirat. Apabila catatan amalnya lebih banyak, niscaya surga tempatnya. Namun bila sebaliknya, sudah barang tentu neraka adalah tempat yang tepat. Bagi kaum muslim yang taat, shalat tahajud bisa menjadi media untuk mendapatkan keringanan ketika dinasab di akhirat. Allah akan memberikan keutamaan ini kepada mereka yang memohon ampun dan berdoa di sepertiga malam.

13. Memperoleh cinta Allah

Nabi Muhammad Shallallahu 'alaihi Wa Sallam pernah bersabda, bahwa orang yang selalu melaksanakan shalat tahajud akan memperoleh cinta dari Allah Subhanahu Wa Ta'ala. Sebagaimana Beliau bersabda pada Abu Darda' radhiyallahu anhu. tentang keutamaan shalat tahajud ini. Mereka yang memilih bangun di tengah malam dan meninggalkan kenyamanan tidur, niscaya akan mendapat cinta dari Allah Subhanahu Wa Ta'ala. Kaum mukmin tersebut memutuskan meninggalkan syahwat mereka dan bersujud di hadapan sajadah. Segala pengampunan doa diberikan Allah kepada orang-orang tersebut. Tentu saja cinta Allah kepada orang-orang shaleh tak berputus hingga hari akhir dan perhitungan nanti.

14. Meningkatkan sistem kekebalan tubuh

Secara bio-teknologi, penemuan baru menyebutkan bahwa shalat tahajud mampu meningkatkan daya tahan tubuh seseorang. Di samping itu, bagi para penderita kanker akan merasakan manfaat lainnya, yaitu menghilangkan rasa nyeri yang kerap melanda. Pada bidang ini pula dikatakan bahwa shalat tahajud meningkatkan respon positif yang sangat efektif dalam anastesi pra bedah. Alasan inilah yang menjadikan mengapa shalat tahajud sangat baik dilaksanakan oleh penderita penyakit berat sekalipun. Anda akan merasakan begitu banyak manfaat dalam gerakan shalat malam tersebut.

15. Shalat yang paling afdol setelah 5 waktu

Kewajiban setiap muslim dan muslimin di seluruh dunia adalah mengerjakan shalat 5 waktu. Allah Subhanahu Wa Ta'ala menyukai umat-Nya yang selalu mengingat-Nya baik dalam keadaan senang maupun sedih. Tak ada tempat berbagi ataupun mengadu yang lebih baik selain kepada Allah Subhanahu Wa Ta'ala. Shalat tahajud menjadi salah satu ibadah yang paling afdol setelah shalat 5 waktu. Shalat tengah malam memberi kesempatan kepada Anda untuk beribadah lebih khusyu'. Waktu tersebut juga sangat tepat untuk berkeluh kesah dan memohon ampunan dari Sang Pencipta.

34. Jus Sari Buah Delima

Mengonsumsi segelas sari buah delima atau sekitar 500 ml setiap hari selama dua minggu dapat membantu mengurangi kadar hormon stres dan tekanan darah, demikian hasil studi.

Studi menyebutkan segelas jus buah delima mampu memenuhi kebutuhan tubuh akan asam folat. Kekurangan asam folat dapat memicu depresi.

Jus buah delima lebih banyak mengandung antioksidan dibandingkan dengan sari buah lainnya, anggur merah (wine), bahkan teh hijau, demikian seperti yang dikutip dari Daily Mail.

Sementara biji buah delima berfungsi seperti aspirin, mampu mencegah menempelnya palet sel darah dan mencegah terjadinya penggumpalan sel darah merah.

35. Teh Herbal Daun Pandan

Daun pandan memiliki manfaat yang ampuh untuk menghilangkan stres. Pasalnya, daun pandan ini memiliki sifat penenang yang mana dapat mengurangi stres serta kecemasan yang kamu alami. Kamu dapat menghilangkan stres dengan meminum segelas teh daun pandan, dijamin stres yang kamu alami bakalan hilang.

36. Membaca Dan Mempelajari Kitab Suci Al-Quran

Perkembangan teknologi komunikasi yang demikian pesat, ternyata memberi dampak pada perilaku manusia. Derasnya arus informasi yang salah satunya dimotori oleh keberadaan media sosial memberikan tekanan psikologis bagi banyak orang. Saat ini, dorongan untuk menjadi sempurna dalam tubuh, pikiran, dan karier nmeningkat secara signifikan.

Fenomena ini tentunya buruk bagi kondisi kesehatan jiwa seseorang. Perasaan gundah gulana, resah dan gelisah yang berujung pada stres membuat orang cenderung rentan mengalami depresi. Sejatinya, stres merupakan respons tubuh kita saat berada di bawah tekanan. Orang yang stres biasanya disertai ciri-ciri denyut jantung meningkat, otot menegang, dan naiknya tekanan darah.

Namun jika tidak dikelola dengan baik, stres bisa memberi dampak buruk bagi kesehatan di jangka panjang. Jika dibiarkan terus menerus maka itu bisa menjadi faktor risiko bagi masalah kesehatan serius lainnya seperti masalah mental, penyakit kardiovaskular, obesitas, mengganggu siklus menstruasi, dan diabetes.

Bagi umat Islam, salah satu terapi paling mujarab untuk mengatasi stres yakni dengan membaca dan mempelajari Al-Qur'an. Dalam Surah Al-Isra' Ayat 82 disebutkan, Al-Qur'an diturunkan untuk menjadi obat dan Rahmat bagi orang-orang beriman.

Dalam banyak penelitian, Al-Qur'an memiliki khasiat sebagai penawar penyakit baik jasmani maupun rohani. Salah satunya seperti yang dilakukan oleh Dr Ahmed Al-Qadhidi Klinik Besar Florida, Amerika Serikat. Menurutnya, membaca atau memperdengarkan lantunan ayat suci Al-Qur'an saja sudah dapat memberikan perubahan fisiologis yang besar bagi tubuh manusia.

Dalam sebuah studi lain yang dilakukan di Universitas Salford, Inggris, para ahli menemukan bahwa para peserta yang membaca Al Quran menjadi jauh lebih rileks dan tenang setelahnya, dibandingkan peserta lain yang membaca buku biasa.

References

Giedke H, Schwärzler F (October 2002). "Therapeutic use of sleep deprivation in depression". Sleep Medicine Reviews.

Diagnostic and Statistical Manual of Mental Disorders, Fifth Edition (DSM-5). American Psychiatric Association. 2013.

Bakhtiar, Laleh (2019), Quranic Psychology of the Self: A Textbook on Islamic Moral Psychology (ilm al-nafs), Kazi Publications.

Haque, Amber (2004), "Psychology from Islamic Perspective: Contributions of Early Muslim Scholars and Challenges to Contemporary Muslim Psychologists", Journal of Religion and Health.

Wael Mohamed, C.R. (2012). "Arab and Muslim Contributions to Modern Neuroscience". International Brain Research Organization History of Neuroscience.

Author Bio

"And give good tidings to those who believe and do righteous deeds that they will have gardens in Jannah Firdaus Paradise beneath which rivers flow."

(The Noble Quran)

"Verily, there has come to you from your Lord and a healing for the diseases (that are) in the chest and guidance and mercy for people who believe."

(The Noble Quran)

Jus Herbal Alami Untuk Menyembuhkan Depresi Kelas Berat (Bad Depression) & Memperkuat Kesehatan Mental Spiritual (Soul Relaxation)

www.ingramcontent.com/pod-product-compliance
Lightning Source LLC
LaVergne TN
LVHW052234110526
838202LV00095B/207